Entraîner la force intérieure et la volonté

Comment trouver une vie autodéterminée et heureuse sans blocages intérieurs grâce à un entraînement mental efficace

Cornelius Berger

CONTENU

Ce qui vous attend dans ce livre

Certaines personnes ont un plan précis pour atteindre leurs objectifs de manière cohérente et ne laissent planer aucun doute sur leur capacité à y parvenir. Rien ne les arrête, ni les revers imprévus ni les autres obstacles. Ils trouvent une solution à chaque problème et grandissent en relevant les défis qui se présentent à eux. D'autres personnes, en revanche, ne possèdent pas ces qualités et se sentent rapidement dépassées ou incapables de faire face à une situation. Maintenant, quelle est la différence entre eux ?

La réponse est : la force mentale

C'est un attribut que tout le monde ne possède pas, mais que tout le monde peut apprendre. Dans les chapitres suivants, vous apprendrez tout ce qu'il faut savoir sur la force mentale et sur la meilleure façon de l'entraîner, de l'utiliser et d'obtenir ainsi de nouveaux succès dans tous les domaines de la vie.

Qu'est-ce que la force mentale exactement ?

La force mentale est un terme qui contient tout un ensemble de caractéristiques positives et il se peut même qu'il vous dise quelque chose, mais la plupart d'entre vous ne peuvent qu'imaginer ce qui se cache réellement derrière ce terme. Commençons par répondre à la question suivante : qu'est-ce que la force mentale ? Sa définition est relativement simple :

La force mentale est une capacité qui vous aide à atteindre un niveau de performance optimal et à prendre des décisions efficaces, quelles que soient les influences auxquelles vous êtes confronté. Lorsque vous faites face à des situations difficiles ou stressantes, la force mentale vous permet d'être plus détendu et plus confiant. La force mentale est donc synonyme de stabilité émotionnelle. Le terme général est issu du langage courant, mais il existe désormais de nombreuses définitions scientifiques et psychologiques, que vous découvrirez plus tard. Très souvent, et surtout à l'origine, ce terme a été utilisé dans un contexte sportif. L'idée de base était la suivante : Les athlètes de tout type qui possèdent une force mentale ont un grand avantage sur leurs adversaires dans la compétition. La force mentale est donc un facteur décisif qui peut déterminer la victoire ou la défaite. C'est du moins ce que l'on pense.

QU'EST-CE QUI LA CARACTÉRISE ?

Vous vous demandez certainement ce qui caractérise cette force mentale pour qu'elle soit vraiment reconnue comme telle ? Des chercheurs ont mené une enquête approfondie auprès d'athlètes et sont tombés d'accord sur le fait qu'une caractéristique essentielle se répétait chez les personnes interrogées : la foi en soi et en ses propres capacités. De plus, la volonté inébranlable de toujours atteindre ses objectifs. L'abandon n'est pas une option, selon le principe "tomber, se relever, continuer".

Vous avez probablement déjà remarqué que la confiance en soi et la persévérance personnelles reviennent sans cesse et constituent la pierre angulaire de la reconnaissance et du développement de la force mentale. Bien entendu, cette base est également constituée d'un désir particulièrement fort de réussir. Il y a aussi tout un ensemble d'autres qualités qui en font partie. Par exemple, la capacité utile de se concentrer sur la tâche en cours malgré les distractions et les perturbations et de ne laisser aucune distraction. Il est également très important de ne pas perdre le contrôle psychologique de soi-même après une situation négative ou étonnamment exigeante et, si c'est le cas, de le reprendre. De nombreuses personnes mentalement fortes se distinguent également par leur capacité à dépasser leurs propres limites physiques et émotionnelles sans pour autant perdre de vue leur objectif. La force mentale signifie être capable d'accepter ses peurs sans les laisser vous guider ou vous déterminer. Dans l'ensemble, les personnes mentalement fortes ont une tolérance extrêmement élevée à la frustration, affrontent les obstacles avec une dose supplémentaire de volonté et peuvent se concentrer sur leurs objectifs malgré le stress, l'agitation et les situations épuisantes pour les nerfs.

Vous avez peut-être découvert une caractéristique déjà mentionnée qui s'applique également à vous.

POURQUOI LA FORCE MENTALE EST-ELLE NÉCESSAIRE ?

Vous savez maintenant à peu près à quoi sert la force mentale, mais le texte suivant vous explique en détail à quoi elle sert réellement. Il y a une différence essentielle entre les personnes qui réussissent et celles qui le sont moins. Elle réside dans leur volonté d'emprunter non pas le chemin le plus facile, mais le plus semé d'embûches, rempli d'éventuels revers et obstacles. Les personnes mentalement fortes relèvent les défis au lieu de les fuir et prennent des décisions rationnelles entre le bien et le mal. Elles ont besoin de cette force pour se stimuler. Qu'il s'agisse d'une alimentation saine ou de problèmes relationnels, la force mentale peut s'avérer utile dans de nombreuses situations différentes. Elle vous aide à garder la tête froide face à toute crise potentielle, qu'elle soit professionnelle ou personnelle, et à aborder vos problèmes avec un degré d'optimisme sain.

Les personnes mentalement fortes ont également plus de facilité à surmonter certains blocages. Lorsque les pensées tournent en boucle dans notre esprit, les surmonter peut souvent s'avérer un véritable parcours du combattant. En général, les pensées et les émotions ont un rapport avec l'entraînement mental. Les stimuli extérieurs déclenchent chez nous des réactions et des schémas de pensée qui apparaissent généralement dès l'enfance et sont nettement renforcés par notre environnement. Les schémas de réaction et de pensée sont des mécanismes sains, mais ils enregistrent au fil des ans non seulement les schémas de comportement utiles, mais aussi ceux qui nous posent désormais problème. Il est prouvé que notre "muscle cérébral", c'est-à-dire une synapse, gagne en force à chaque schéma de pensée négatif et que de telles voies dans nos pensées ont une grande influence sur nos émotions et, à long terme, sur notre santé mentale. Ils peuvent même affecter notre système immunitaire et notre système nerveux. Heureusement, ce mécanisme peut être interrompu par la construction d'un état d'esprit positif et un entraînement mental intensif.

La force mentale est présente dans presque tous les domaines de la vie, car c'est elle qui a le plus d'influence sur votre réussite ou votre échec. La force mentale est donc un facteur clé pour votre bonheur personnel, mais aussi pour vous rendre la

vie plus facile et pour mieux surmonter les difficultés, petites ou grandes. Tout le monde n'a pas le
privilège et ne possède pas la force mentale dès la
naissance. Certains se retrouvent sans trop y penser dans les caractéristiques susmentionnées, tandis que d'autres ne comprennent pas comment
leurs semblables peuvent traverser la vie avec une
telle confiance en eux et une telle persévérance. La
force mentale a ceci de bon et d'essentiel qu'elle
peut s'apprendre, se construire et s'entraîner
consciemment. Dans le chapitre suivant, vous en
apprendrez plus sur l'entraînement mental.

Comment fonctionne l'entraînement mental ?

Vous savez maintenant que la volonté et le pouvoir de la pensée jouent un rôle important dans la réalisation de vos rêves et de vos objectifs. La force mentale, que l'on en possède beaucoup ou peu, est un guide essentiel et tout le monde peut l'apprendre, la développer et l'entraîner. L'entraînement mental comprend toute une série de méthodes visant à améliorer vos compétences sociales et émotionnelles, votre résistance au stress, vos capacités cognitives et votre confiance en vous. Il s'agit d'augmenter la joie de vivre et de rechercher la satisfaction et le bonheur personnel, de transformer des rêves ou des désirs oubliés en réalité. Il vous aide également à gérer tout type de stress et vous permet de faire le plein d'énergie nécessaire pour réaliser tous vos projets.

Mais comment fonctionne l'entraînement mental ? Imaginez que vous apprenez une danse. Cela peut sembler étrange au début, mais vous allez bientôt comprendre ce que cela signifie. Vous apprenez la chorégraphie, un pas, un tour de plus, et vous répétez les mêmes pas chaque jour, encore et encore, jusqu'à ce que vous ayez analysé et assimilé chaque mouvement avec précision. C'est un peu comme cela que fonctionne l'entraînement mental. En vous concentrant régulièrement et très intensément sur les mouvements dans votre esprit, vous devenez de plus en plus conscient et clair sur certains détails. Votre perception et votre vision des choses s'affinent.

Rien qu'en imaginant les mouvements, vos muscles répondent par des réactions minimales et, en général, vos connexions musculaires et nerveuses sont entraînées. Les réseaux neuronaux ainsi créés permettent d'intérioriser certaines actions et même les comportements que vous répétez en pensée peuvent contribuer de manière significative au développement de votre personnalité. Notre subconscient est activé par la représentation imagée d'un état particulier et l'entraînement mental n'est donc pas seulement efficace dans le sport, mais peut également être utilisé dans toutes les autres situations possibles de la vie quotidienne.

DANS QUELS DOMAINES EST-IL UTILISÉ ?

Vous avez maintenant une idée beaucoup plus précise du terme "entraînement mental" et de l'impact qu'il peut avoir sur votre vie. Mais dans quels domaines peut-on l'utiliser consciemment ? Les premières applications de l'entraînement mental ont eu lieu dans le domaine de la psychologie du sport, déjà mentionné, et aujourd'hui encore, l'entraînement mental est utilisé de manière professionnelle dans tous les domaines du sport. Dans le sport, l'entraînement mental permet d'améliorer considérablement la concentration et aide énormément à l'apprentissage des mouvements.

L'entraînement mental a également des effets positifs à l'école et peut ainsi lever les blocages d'apprentissage et permettre de mieux gérer les situations difficiles. Cela ressemble presque à une sorte de remède miracle contre tout ce qui est négatif et, dans une certaine mesure, c'est le cas. Néanmoins, il s'agit d'un entraînement qui doit être répété de manière cohérente pour que vos capacités et vos talents puissent se développer de manière optimale.

EN QUOI CELA CONTRIBUE-T-IL À VOTRE DÉVELOPPEMENT PERSONNEL ?

Il est fort probable que la plupart d'entre vous aient déjà ressenti ce sentiment de lassitude et de manque d'énergie au travail, sans vraiment savoir pourquoi vous n'avez pas la motivation nécessaire dans ces moments-là. Grâce à l'entraînement mental, les tâches quotidiennes deviennent beaucoup plus faciles et votre motivation augmente. Un autre aspect très important est l'environnement social, dans lequel vous devez toujours faire face à des problèmes interpersonnels. L'entraînement mental peut également être utilisé dans ce domaine.

L'introspection est l'une des compétences les plus importantes et joue un rôle fondamental dans le développement mental de la personnalité. Elle est essentielle pour une vie heureuse et constitue la première étape pour construire une confiance en soi saine et vaincre le doute de soi. Cette capacité particulière implique de s'observer soi-même et de prendre conscience de ses pensées et de ses désirs. Dans ce processus mental, il s'agit d'expliquer ses sensations et ses pensées à l'aide d'un raisonnement.

Structurer sa réflexion personnelle permet de définir clairement et de fixer ses propres souhaits. Certaines méthodes sont conçues pour utiliser les impulsions extérieures afin de faire face à ses propres problèmes avec de nouvelles pensées. En soi, il n'est pas possible d'aborder les méthodes d'introspection de manière erronée. Le seul problème pourrait être que vous êtes trop critique envers vous-même et que vous ne pouvez pas accepter des phrases motivantes. Vous savez certainement que tout le monde a des faiblesses et qu'elles font partie de la condition humaine. Si vous parvenez à intégrer cette réalité, une partie du travail sera déjà faite. Les gens ont malheureusement la mauvaise habitude de ne pas rester dans le coup. Or, un travail continu sur soi-même est déterminant pour les succès futurs. Vous voyez donc qu'il faut une certaine discipline pour pouvoir réellement mettre en œuvre l'autoréflexion.

Il existe une sorte de feuille d'exercices pour la connaissance de soi. Il vous aide à réfléchir à vos croyances, à vos émotions et à vos tendances à réagir à certaines situations. Il peut vous être utile comme guide pour vos prochaines étapes, il est très rapide et vous n'avez rien à faire, si ce n'est répondre le plus fidèlement possible.

Demandez-vous quels sont vos plus grands talents et compétences, puis lesquels de vos talents et compétences vous remplissent de fierté et de satisfaction. Ensuite, vous devez vous demander quelles caractéristiques et qualités particulières vous admirez chez les autres.

Et enfin, le dernier point : Quelles compétences souhaitez-vous développer ?

A première vue, certaines de ces tâches peuvent sembler redondantes, mais cela varie d'une personne à l'autre. De plus, ces questions sont destinées à vous aider à vous concentrer sur les choses qui sont importantes pour votre vie future. Une fois la feuille d'exercices terminée, vous devez la conserver en lieu sûr et vous imprégner de ce que vous avez écrit. Après quelques semaines, vous pourrez la ressortir et lire vos réponses, puis vous concentrer pleinement sur votre réaction.

La meilleure chose à faire est d'intégrer l'autoréflexion dans votre routine. Vous ne devez pas seulement réfléchir sur vous-même une ou deux fois, mais répéter les exercices à intervalles réguliers. Créez un rythme clair qui vous permettra d'exercer votre force mentale. L'autoréflexion prend peu de temps et s'intègre généralement bien dans la vie quotidienne.

L'entraînement mental contribue donc grandement à votre développement personnel. En vous concentrant sur certains objectifs, vous renforcez votre volonté de gagner. Vous aurez davantage confiance en vous, votre esprit se remettra plus facilement d'un échec et vous pourrez relever de nouveaux défis beaucoup plus rapidement. Nous avons déjà mentionné que l'entraînement mental peut également être utilisé dans n'importe quelle situation de la vie quotidienne.

COMMENT INTÉGRER L'ENTRAÎNEMENT MENTAL DANS LA VIE QUOTIDIENNE ?

Saviez-vous que 60.000 à 70.000 pensées nous traversent l'esprit chaque jour ? C'est tout un océan d'impressions, de sentiments et de réflexions qui traversent notre corps. Ce chiffre est grand et puissant. Mais de ce nombre important et puissant, de toutes nos pensées, 86% sont négatives et seulement 14% sont positives ou constructives.

Vos pensées ont l'influence la plus déterminante sur votre vie, c'est un fait qu'il ne faut pas occulter. Nos pensées déterminent et orientent nos actions, et nos actions déterminent notre comportement. Comme vous pouvez l'imaginer, notre comportement détermine notre vie entière. Le point crucial est que vous ne devez pas vous laisser guider par des croyances négatives. Des phrases telles que "Je ne peux pas le faire", "Je n'y arriverai jamais" ou "Je ne serai jamais assez bon" doivent être supprimées de votre vocabulaire et surtout de vos pensées, car sinon vous ne pourrez jamais réaliser pleinement votre potentiel et vos objectifs seront beaucoup plus difficiles à atteindre. Si toutefois de telles pensées négatives devaient surgir, étouffez-les avec un positif et encouragez-vous intérieurement : "Vous pouvez le faire !"

Un exercice qui devrait vous aider est l'examen de vos propres pensées. Prenez le temps de le faire.

Demandez-vous ce qui vous préoccupe le plus en ce moment, ce à quoi vous devez beaucoup penser et si vos pensées sont plutôt positives ou négatives. Demandez-vous ensuite comment vous vous adressez à vous-même ou comment vous vous parlez à vous-même. Maintenant, la dernière question : quelles sont les émotions qui surgissent lorsque vous vous parlez intérieurement à vous-même ?

Prenez un stylo et notez les réponses sous forme de points clés sur une période d'environ une semaine. Les notes doivent être triées en fonction des pensées de soutien et de freinage. Assurez-vous de noter les affirmations positives que vous

vous dites dans des situations particulièrement e-xigeantes. Répétez ces mots encore et encore.

Bien sûr, il est impossible d'éviter les pensées négatives à long terme, il n'y a pas de bouton sur lequel appuyer pour bannir tout ce qui est mauvais de notre esprit. Mais ce que vous pouvez faire, c'est remplacer votre attitude négative par une attitude positive et la conserver. Cela fonctionne très bien avec les affirmations. Une "affirmation" est une phrase positive qui, si elle est répétée très régulièrement, a le pouvoir de changer vos pensées négatives. Par exemple, si vous vous répétez sans cesse : "Je suis sûr de moi", votre esprit l'intériorise. Vous créez ainsi un ver d'oreille personnel qui sert d'ancre à votre subconscient.

Comment entraîner votre force mentale

DIFFÉRENTS TYPES D'ENTRAÎNEMENT MENTAL

Il existe de nombreux types et de nombreuses formes d'entraînement mental. L'une des plus connues vous sera sans doute familière, puisqu'il s'agit de la méditation. Vous avez peut-être déjà fait l'expérience de la méditation et vous savez que le but ultime est d'atteindre le silence absolu et le vide intérieur. La méditation est un moyen très efficace de trouver le calme, de se ressourcer et de se libérer du stress et des pensées négatives. Même la médecine recommande la méditation, notamment pour lutter contre l'insomnie, et il a même été prouvé qu'elle aide à lutter contre l'hypertension. Pendant la méditation, vous apprenez à votre esprit à être plus calme et à se concentrer sur lui-même.

Ensuite, il y a le training autogène. Cette méthode vise à favoriser la détente et le calme, ainsi qu'à améliorer la concentration. Vous répétez mentalement certaines phrases qui détendent le corps tout en le renforçant. Le training autogène stimule généralement la tolérance au stress et aide dans certains cas à soulager les douleurs chroniques. Cet entraînement est une méthode de relaxation basée sur l'autosuggestion. Elle a été développée à partir de l'hypnose par le psychiatre berlinois Johannes Heinrich Schultz et présentée officiellement pour la première fois en 1926. Cependant, ce type d'entraînement ne convient pas à certaines personnes, par exemple celles souffrant de schizophrénie, car cette forte concentration pourrait éventuellement provoquer des délires. Cet exercice peut aussi éventuellement provoquer de l'anxiété chez les hypocondriaques.

Les affirmations mentionnées précédemment sont également un exercice efficace, ou encore des mantras choisis. Un mantra est un mot ou un verset entier. Les mantras sont composés de sons et de rythmes spécifiques visant à libérer des énergies positives. Une affirmation, en revanche, fonctionne de la même manière qu'un mantra, mais au lieu d'agir au niveau du son, elle agit plutôt au niveau de la pensée. Il s'agit de phrases personnalisées et généralement courtes, mais qui peuvent faire une grande différence. On les trouve dans le yoga et dans d'autres enseignements spirituels. Même si vous n'avez jamais vraiment touché à ces domaines, vous pouvez utiliser des affirmations ou des mantras pour renforcer votre état d'esprit et acquérir une attitude positive et ouverte.

Les schémas de pensée, les croyances et les convictions que vous créez vous-même jouent un rôle particulier dans l'acquisition d'une attitude plus ouverte. Il est dans la nature humaine de toujours considérer ses propres pensées comme les seules vraies, laissant ainsi peu de place aux opinions différentes ou nouvelles.

Certaines expériences vécues dans l'enfance ou l'adolescence peuvent donner lieu à des impressions et des croyances négatives qui influencent la suite de votre vie. Dans certaines situations, ces principes négatifs se font écho et peuvent vous faire douter de votre propre intelligence. Cela peut également se traduire par le fait que vous pensez ne pas être assez bon ou que vous accordez plus d'importance à ce que les autres pensent de vous, ce qui vous empêche de vous comporter comme vous le souhaitez.

Ce sont précisément ces pensées qui posent problème, car elles constituent un obstacle énorme qui vous limite dans votre désir de grandir et qui freine également votre audace. Dans la vie de tous les jours, ces pensées peuvent être paralysantes et nuire gravement à l'estime de soi. C'est là que les affirmations et les mantras entrent en jeu. Ils permettent d'entraîner le cerveau en le nourrissant d'optimisme et de pensées positives qui, à force d'être répétées, remplacent nos croyances négatives. Il n'est pas facile de convaincre son propre cerveau de simplement réorganiser son monde mental, mais c'est possible. La clé est encore une fois la répétition. Il faut de la persévérance et de la patience, mais phrase après phrase, vous intériorisez les significations qu'elles contiennent et vous construisez ainsi un état d'esprit absolument positif.

Une autre possibilité est l'exercice de la pleine
conscience. Grâce à cet exercice, vous entraînez
votre esprit à se concentrer sur une seule chose.
On s'entraîne également à l'expérience consciente.
Ces exercices sont censés contribuer à réduire le
stress. En général, ils sont faciles à réaliser sans
outils particuliers, ce qui les rend faciles à intégrer
dans la vie quotidienne. Les exercices de pleine
conscience sont différentes techniques qui doivent
contribuer à réduire le stress et à améliorer la perception de soi. Il s'agit d'être plus conscient de l'"ici
et maintenant". Dans ce contexte, la pleine
conscience est la disposition personnelle à accepter ce qui vient à soi, sans aucun sentiment de dévalorisation ou d'approbation. Il s'agit de l'acceptation pure et simple de quelque chose. Dans le
bouddhisme, la pratique de la pleine conscience
est très importante.

La réduction du stress basée sur la pleine
conscience est particulièrement adaptée aux personnes dont la vie quotidienne comporte beaucoup de stress et d'agitation, mais en principe,
toute personne peut essayer ces exercices,

l'important étant de prendre les exercices au sérieux et d'être généralement ouvert à la méthode.

Outre la médiation et la pleine conscience mentionnées ci-dessus, la visualisation est également une méthode populaire. Dans la méditation classique, on prête surtout attention à sa propre respiration et aux sensations que l'on éprouve. La visualisation, en revanche, se concentre sur les images intérieures. Vous vous représentez consciemment les situations que vous souhaitez vivre dans la réalité. Le cerveau ne fait pas la différence entre la réalité et l'imagination lorsqu'il traite les images. C'est un fait qui peut être utile pendant la visualisation pour imaginer les résultats souhaités de manière très ciblée. La visualisation est souvent utilisée avant de s'endormir, car elle permet d'être dans un état très détendu. Cette technique est également utilisée dans le domaine du sport de haut niveau. Une expérience menée par le psychologue australien Alan Richardson montre les avantages d'une pratique régulière de la visualisation : il a divisé une équipe de basketball en trois groupes. L'objectif était d'évaluer le nombre de lancers francs que chaque joueur pouvait réaliser. Le premier groupe disposait de vingt minutes par jour.

Le deuxième groupe n'était pas autorisé à s'entraîner en situation réelle, mais devait seulement visualiser les lancers francs. Les autres joueurs ne devaient ni s'entraîner réellement, ni visualiser. Les résultats ont été plus qu'impressionnants. La capacité à marquer des lancers francs s'est améliorée presque autant dans le groupe de visualisation que dans le groupe qui s'est réellement entraîné, alors qu'aucune amélioration n'a été constatée dans le dernier groupe.

La visualisation est très variée et s'applique tout aussi bien à la vie quotidienne. Qu'il s'agisse d'imaginer dans les moindres détails les prochaines vacances de vos rêves ou de visualiser un autre souhait. La visualisation permet également de réduire le stress et contribue à une vie équilibrée.

Une étude de 2011 a démontré que la visualisation guidée peut minimiser et soulager les états de stress. Il a été prouvé que la visualisation est plus efficace lorsque vous essayez non seulement d'imaginer vos désirs personnels, mais aussi de ressentir les émotions qui y sont associées. Cela signifie, par exemple, que si vous imaginez que votre bureau ou votre lieu de travail est un endroit où vous vous sentez très bien, vous vous mettez dans un état émotionnel de joie lorsque vous visualisez. Les émotions positives augmentent considérablement le potentiel de réalisation de ce que vous visualisez.

Si vous utilisez ces méthodes régulièrement, vous ressentirez rapidement un effet positif sur votre vie. Vous pouvez également combiner différents exercices pour en renforcer encore l'effet.

Conseils et exercices utiles

Nous avons déjà mentionné un grand nombre de types d'exercices possibles, mais nous allons maintenant vous expliquer plus en détail comment les réaliser. Au début, les exercices peuvent paraître compliqués, mais ils sont en fait très simples. Comme la force mentale peut être apprise par tout le monde, le renforcement de l'esprit peut être fait individuellement. Il est très important de vaincre ses propres doutes au préalable. Le doute de soi est la principale raison pour laquelle les gens ne parviennent pas à réaliser leurs rêves.

Par moments, tout va bien dans notre vie et nous n'avons pas vraiment de raison de nous remettre en question. Mais il arrive parfois que l'on trébuche lorsque notre chemin change soudainement. Il ne s'agit pas nécessairement de changements négatifs, il peut s'agir de moments de joie, comme la naissance d'un enfant, mais un tel événement peut aussi être une raison supplémentaire de douter de soi. Les questions de savoir si l'on est assez bon dans son rôle de parent ou si l'on fait tout correctement amènent les gens à perdre peu à peu confiance en eux et donc finalement à douter d'eux-mêmes et de leurs décisions.

Les gens veulent toujours être à la hauteur de leurs exigences et ont une idée très précise de ce qu'ils doivent être. Cependant, les situations nouvelles ou imprévues nécessitent de nouvelles réactions et actions, et avant de dresser une liste de tâches ou d'attentes irréalisables, il est préférable de se concentrer sur celles-ci. Des influences extérieures défavorables peuvent également être une raison de douter de soi, comme un travail qui ne promet pas de succès ou un couple conflictuel dans lequel les accusations et les disputes sont fréquentes.

Si vous y réfléchissez bien, vous verrez qu'un simple regard ou un commentaire irréfléchi peut suffire à alimenter le doute sur soi. Notre subconscient réagit à cela parce que nous voulons plaire aux autres et que nous craindrions sinon qu'ils se détournent de nous. La peur de la solitude joue ici un rôle crucial. Si le doute de soi augmente en fréquence et en intensité, il est conseillé de prendre des mesures actives pour y remédier.

Vous devez considérer vos doutes pour ce qu'ils sont : des pensées. Rien de plus et rien de moins. Vos idées, vos exigences et toutes vos attentes envers vous-même n'existent que dans votre tête. C'est à vous de décider si vous voulez vous laisser paralyser par les scénarios et les éventualités possibles au point de vous enfoncer dans le doute ou si vous voulez vous concentrer activement sur ce qui est réel. Si vous remarquez que vos doutes deviennent trop puissants ou incontrôlables, essayez de secouer doucement la tête à plusieurs reprises - cela permet de dissiper la confusion dans vos pensées et de créer une vision plus claire des choses. Ensuite, respirez profondément et nommez vos pensées, comme ceci : "Je viens de penser que j'ai été très stupide dans cette situation". Il est très important de mettre l'accent sur "je viens de penser que...".

Le fait que vous pensiez quelque chose ne signifie pas automatiquement que c'est vrai. Ce sont simplement vos pensées personnelles. Si vous répétez cet exercice, il se peut qu'il vous soit beaucoup plus facile de vous distancer des pensées négatives. N'oubliez pas que le doute est souvent au début du chemin et le succès à la fin. C'est donc à vous de trouver les exercices auxquels votre esprit réagit le mieux. Avant de passer à l'entraînement mental proprement dit, voici quelques conseils qui vous aideront à devenir mentalement fort. La détermination est essentielle.

Être déterminé signifie que l'on concentre ses pensées, ses actions et ses sentiments sur un objectif pendant une période prolongée. Les personnes déterminées s'efforcent consciemment d'atteindre un objectif, mais il est important de savoir ce que l'on veut vraiment. Vous pouvez faire ce que vous voulez, mais tant que vous n'êtes qu'à moitié engagé ou que vous n'avez pas d'objectifs correctement définis, vous n'arriverez à rien. Les objectifs ne sont pas de simples rêves que vous pouvez poursuivre aveuglément.

L'essence de la détermination est la ferme intention de réaliser ce que vous avez prévu. Pour cela, il ne suffit pas d'avoir des pensées soudaines et spontanées, mais plutôt de s'efforcer concrètement de faire quelque chose. Les souhaits et les objectifs doivent également être une affaire de cœur et non pas seulement une affaire de tête.

Une étude canadienne a conclu que les objectifs prolongent notre vie. Cela semble étrange au premier abord, mais c'est plutôt logique. Le psychologue Patrick Hill de l'université de Carleton a découvert que les personnes qui ont une forte détermination à atteindre leurs objectifs s'efforcent de mener une vie plus saine, accordent une plus grande importance à leur forme physique et sont en fin de compte plus heureuses que celles qui n'ont pas cette qualité. Voici quelques conseils et suggestions qui vous permettront de commencer à exercer votre force mentale correctement.

Que ce soit dans la vie privée ou professionnelle, avoir des objectifs est un élément indispensable de votre développement. Si vous ne visez rien, vous n'obtiendrez rien. Si vous ne connaissez pas le chemin exact à suivre et si vous n'avez pas en tête l'objectif final, vous ne comprenez pas le niveau de progrès que vous avez peut-être déjà atteint, ni même si vous suivez le bon cap. Si vous ne connaissez pas le bon cap, vous vous perdrez dans la tempête de pensées et de changements, plus vite que vous ne le pensez. La bonne nouvelle, c'est que la détermination peut s'apprendre, tout comme la force mentale. Cherchez et trouvez les facteurs qui vous empêchent de réussir et éliminez les distractions ou les sources d'interférence afin d'atteindre le niveau optimal de détermination.

Le premier conseil peut vous sembler être une phrase récurrente que vous avez probablement déjà entendue à maintes reprises, mais elle est très importante pour vos efforts futurs. Il s'agit d'apprendre de ses erreurs. Tout le monde en fait, certains en font peut-être trop, et tout le monde connaît le sentiment de malaise qui s'ensuit et qui se répand comme un poison dans le corps après avoir commis une erreur. Mais les erreurs sont précisément ce qui vous permet d'avancer sur votre chemin, et elles sont utiles pour vous améliorer. Donc, si vous apprenez à ne pas voir vos erreurs ou vos mésaventures comme quelque chose de négatif, le premier pas dans la bonne direction est déjà fait. Comme une carte mémoire supplémentaire, le cerveau se souvient des erreurs commises et vous pouvez ainsi prendre la décision, dans des situations concrètes, de réagir correctement et de ne pas répéter les mésaventures déjà survenues.

Le deuxième conseil serait de développer une saine dose d'optimisme. Cela ne signifie pas que vous devez vous concentrer uniquement sur le positif, mais un optimisme sincère est tout simplement nécessaire pour se rapprocher de certains objectifs et réaliser ses rêves. Les problèmes ne doivent pas être considérés immédiatement comme des obstacles définitifs, mais plutôt comme des défis, et vous devez vous motiver en vous répétant sans cesse "Je peux le faire" ! L'optimisme est une qualité naturelle et humaine, comme l'a prouvé la chercheuse Shelley Taylor dans plusieurs études. Elle a ainsi développé un concept selon lequel une personne en bonne santé voit généralement les choses de manière un peu plus positive qu'elles ne le sont en réalité.

D'autres études ont également conclu que les pensées positives peuvent avoir un impact sur notre bien-être physique et mental. Dans une autre étude, la chercheuse Shelley a examiné l'attitude mentale de base et l'évolution de la maladie chez des hommes séropositifs. Les résultats qui en ont découlé étaient plus que clairs. Elle a en effet constaté que les malades qui ont affronté leur maladie avec confiance sont restés en bien meilleure santé que ceux qui l'ont abordée avec une attitude négative. Ceux qui pensaient d'emblée souffrir de symptômes graves ou spécifiques étaient plus susceptibles de les avoir que les hommes qui s'attendaient à une évolution meilleure ou favorable. Bien que les résultats se rapportent ici à une maladie très spécifique, il existe de nombreux autres résultats qui soutiennent leur thèse de l'optimisme sain.

Vous devez imaginer votre cerveau comme un ordinateur, avec des réseaux et des logiciels, et tout votre être, la façon dont vous vous parlez et vous vous traitez, est le programme qui s'y exécute. Donc, si vous êtes convaincu que vous allez tomber malade, c'est le cas. Il en va de même pour la croyance en vous-même. Si vous vous répétez sans cesse que vous n'arriverez jamais à rien et que vous n'atteindrez jamais vos objectifs, votre programme se résume à cela et vous ne deviendrez jamais la personne que vous voulez être.

Votre ordinateur est en permanence à l'écoute de votre esprit, c'est pourquoi il est important que vous preniez conscience des pensées négatives.

Notre cerveau comporte deux parties : Le premier est le cerveau central, qui est responsable du traitement des milliers d'informations que nous recevons chaque jour et de la coordination de nos processus de pensée. Le second compartiment comporte d'autres zones cérébrales plus petites, considérées comme très anciennes par l'histoire de l'évolution de l'humanité, car nous les avions déjà avant que le cerveau ne commence réellement à grandir. Ces parties plus anciennes du cerveau s'affirment dans des situations critiques ou difficiles contre le cerveau supérieur plus raisonnable, comme si, par exemple, nous portions la main sur une plaque de cuisson que nous venons d'utiliser pour vérifier, tout en sachant qu'elle est en fait encore chaude.

Dans ces moments-là, ce sont les petites zones du cerveau qui commandent et qui décident de manière dominante d'exécuter ce mouvement en dépit du bon sens. On peut donc considérer ces zones comme une sorte de centre de contrôle, car elles commandent la plupart des fonctions automatiques de notre corps. Au moment où vous lisez cette phrase, vous n'avez pas besoin de penser consciemment à inspirer ou à expirer, ou de donner l'ordre à votre cœur de battre, car ces certaines zones se chargent de ces tâches vitales pour vous.

Votre système nerveux joue également son rôle, car le système nerveux végétatif est principalement contrôlé par les petites zones du cerveau. Des fonctions vitales seraient oubliées ou mal exécutées par vous si votre système ne s'en chargeait pas pour vous. Vous pouvez accéder volontairement à d'autres fonctions, comme les mouvements de votre corps, car elles sont contrôlées par le système nerveux volontaire. Ce système nerveux est à son tour contrôlé par le cerveau. Le système nerveux végétatif ne suit donc pas le bon vieux dicton "penser d'abord, agir ensuite", mais fait exactement le contraire. Dès qu'il reçoit la première impulsion, il réagit immédiatement, car notre système considère que c'est essentiel à sa survie.

Le système nerveux volontaire n'est pas aussi rapide et n'a donc que peu d'influence. Pour expliquer brièvement ce processus, voici un exemple :

vous êtes devant un terrarium, vous observez une mygale adulte et, bien que vous sachiez que vous êtes protégé par la vitre qui vous sépare de l'araignée, vous sursautez dès que l'araignée fait un mouvement brusque. Votre cerveau végétatif veut ainsi vous inviter à prendre la fuite, bien que votre système nerveux volontaire tente de vous rassurer. Cet instinct remonte à l'âge de pierre, car à l'époque, il n'y avait pas de vitres pour se protéger des animaux sauvages.

Quelles que soient les tâches que ces deux systèmes opposés sont en train d'accomplir, elles se traduisent toujours pour vous par des processus de pensée ou des réactions corporelles. Il est donc conseillé de se renforcer mentalement pour ces réactions corporelles. Un état d'esprit positif est l'un des éléments les plus importants de la force mentale.

Le troisième conseil est d'apprendre des autres et de se réjouir de ses réussites. Parfois, les gens ont besoin de regarder les autres pour comprendre certaines situations et se forger une force intérieure. Essayez de ne pas ressentir d'envie ou de ressentiment lorsque vous remarquez que d'autres personnes autour de vous célèbrent leurs réussites. L'envie n'apparaît que lorsque le sentiment de ne pas être assez bon prend le dessus et que vous commencez à vous comparer aux autres. Dans le pire des cas, cette émotion peut vous amener à minimiser les réussites de votre entourage ou même vous tenter de boycotter délibérément leurs succès. Mais dans le meilleur des cas, cette émotion peut servir de moteur et vous pousser à travailler sur vous-même, voire à vous dépasser. Vous pouvez même prendre ces personnes comme modèles et vous inspirer de leurs réussites. Si d'autres l'ont fait, vous pouvez le faire aussi.

Quatrième conseil : assumez vos peurs et vos faiblesses. Une faiblesse peut être beaucoup de choses, par exemple une incapacité physique ou une imperfection morale ou de caractère. Au cours de notre vie, nous développons, sur la base de certaines déclarations de nos parents ou d'expériences vécues dans l'enfance, un critère très personnel auquel nous nous mesurons sans cesse. A cela s'ajoutent les exigences et les influences des médias, éloignées de la réalité, qui ne font qu'accroître nos propres incertitudes. Pour pouvoir accepter ses faiblesses, il est important de bien se connaître et de réfléchir à soi-même. Demandez-vous ce que cela signifie pour vous d'être faible et admettez ces faiblesses, car elles sont tout à fait humaines. Observez les difficultés qui pourraient vous faire dévier de votre chemin et assumez vos faiblesses ainsi que vos peurs. Travaillez-y de manière ciblée et vous verrez et surtout sentirez les résultats.

Le cinquième conseil porte sur la prise de conscience de ses propres émotions. Dans certaines situations, les gens s'emportent facilement, réagissent de manière irrationnelle et s'en veulent après coup de ne pas avoir géré un conflit ou une situation différemment. Les émotions obscurcissent la vision des choses, comme vous l'avez peut-être déjà remarqué à certains moments, et c'est pourquoi il est d'autant plus important de réaliser consciemment ses propres émotions afin de pouvoir adopter un comportement plus juste et plus adapté. Les émotions sont un guide très personnel pour nous, même s'il est souvent difficile d'interpréter ou de percevoir correctement les nombreuses émotions différentes.

Les émotions entraînent certaines modifications physiques et font apparaître certains comportements. Elles coordonnent les différents systèmes biologiques du corps : le niveau de tension, l'expression du visage, les muscles, les nerfs et les hormones, afin de maintenir le corps prêt à réagir. Mais si ce rythme du corps est ignoré et que les émotions sont constamment réprimées, cette préparation est perturbée et il n'est plus possible d'agir correctement. En réprimant les émotions, le corps peut même tomber malade à la longue. Ainsi, vivre réellement ses émotions et les exprimer, c'est aussi prendre soin de soi et de sa santé.

Vous devez vous représenter la force mentale comme une sorte de muscle et plus vous l'entraînez, plus il devient fort. C'est de là que vient le nom d'"entraînement mental". Cependant, il ne suffit pas d'aller à la salle de sport et de se muscler pour faire de l'entraînement mental. Pour vous aider à pratiquer sérieusement l'entraînement mental, voici quelques étapes à suivre.

Tout d'abord, cette tâche vise à relever des défis mineurs. Ceux-ci peuvent varier considérablement d'une personne à l'autre. Vous pouvez commencer par une première étape un peu plus simple, comme prendre une douche froide chaque matin. Ce début peut rapidement devenir une routine bien rodée. Un autre élément de la liste est d'apprendre à dire non. Personne n'aime dire non à quelqu'un ou refuser des invitations. C'est précisément pour cette raison que les gens disent "oui" trop rapidement et ne se demandent que trop tard s'ils le veulent vraiment. Les adultes, en particulier, sont toujours pressés et sous pression, ce qui les empêche de prendre le temps nécessaire pour remettre en question certains schémas d'action.

Il faut toujours décider soi-même de la manière dont on veut passer son temps et ne pas se laisser influencer par les autres. Un conseil bien intentionné à ceux qui se reconnaissent dans ce qui vient d'être dit : Respirez trois fois profondément avant de prendre une décision ou de donner une réponse.

De même, se lever tôt chaque jour ou aller au travail à vélo peut être un défi. Si vous relevez régulièrement de petits défis, vous deviendrez mentalement plus fort de jour en jour. Mais les défis ne doivent être ni trop petits ni trop grands, car si vous les trouvez trop petits, ce n'est pas un vrai défi et s'ils sont trop grands, vous ne pourrez pas les surmonter à long terme.

La deuxième tâche pourrait être de trouver un état d'esprit de feedback qui vous convienne. Vous devez vous assurer d'accepter les échecs et d'essayer encore et encore, car ce n'est pas parce que quelque chose n'a pas marché la première fois que cela ne marchera jamais. Lorsque vous avez appris à faire du vélo et que vous êtes tombé la première fois, vous vous êtes très probablement relevé et avez essayé à nouveau. Plus vos objectifs et vos désirs sont grands, plus les problèmes qui les accompagnent seront importants, mais ils peuvent être résolus avec le bon état d'esprit. Comme nous l'avons dit, un échec n'est pas une raison pour abandonner, il faut juste parfois changer sa stratégie pour aller de l'avant.

La troisième étape consiste à réduire les attentes et à accepter que les choses ne sont pas toujours faciles. Il est fréquent que les gens se découragent rapidement en raison d'attentes trop élevées, car la réalité est souvent plus difficile que prévu. Qu'il s'agisse d'une promotion ou d'un développement personnel, rien dans la vie ne vous est donné et vous ne devez jamais vous attendre à ce que le chemin vers vos objectifs soit facile. Il existe un bon guide dont certains peuvent ou souhaitent s'inspirer. Il s'agit d'espérer le meilleur, de s'attendre au pire et de prendre les choses comme elles viennent.

La quatrième étape consiste à considérer ses émotions de manière rationnelle. Jusqu'à un certain point, vous pouvez contrôler vos émotions, mais c'est là que les choses se corsent, car la force mentale joue un rôle très important et décisif. Bien que les personnes mentalement fortes se sentent naturellement tristes, déprimées ou abattues, ces sentiments ne les empêchent pas d'atteindre leur objectif. Dans la plupart des cas, ce ne sont pas seulement les sentiments négatifs qui posent problème, mais le jugement que l'on porte sur eux. Si le jugement que nous portons sur nous-mêmes est trop sévère ou si nous sommes tout simplement injustes envers nous-mêmes, nous commençons à nous acharner sur quelque chose. Vous vous considérez rapidement comme un échec et vous avez le sentiment oppressant de ne pas avoir réussi à faire ce que vous vouliez faire. C'est pourquoi le contrôle de ses émotions est très important, car sans lui, on dérive rapidement vers une sorte d'hystérie et il devient de plus en plus difficile de construire une stabilité intérieure.

Cinquième étape : n'essayez pas de plaire à tout le monde. Bien sûr, c'est une très bonne qualité d'avoir de l'empathie et donc d'être attentif aux sentiments de votre entourage, mais vous ne devez pas prendre l'habitude de vous conformer uniquement à ce que les autres autour de vous veulent que vous fassiez. Surtout, ne donnez jamais votre accord sur tout, juste pour éviter les conflits ou les disputes. Un tel comportement a un coût élevé, car votre santé et vos relations en souffriront énormément. De plus, cela épuise l'esprit, car vouloir plaire à tout le monde en permanence est épuisant et nous conduit à créer une image négative de nous-mêmes. Votre lumière intérieure s'affaiblit de plus en plus jusqu'à ce qu'elle s'éteigne complètement.

Quelle est la leçon à en tirer ? Soyez prêt à contredire les autres si nécessaire. N'essayez pas de plaire à tout le monde et acceptez le fait que tout le monde ne vous aimera pas. Cet exercice a donc pour but de vous aider à accorder plus de valeur à votre propre opinion qu'à celle des autres. Les gens vous traitent comme ils veulent, si vous les laissez faire. Essayez d'avoir le plus grand respect pour vous-même.

La sixième étape doit vous aider à développer les bonnes habitudes. Tout le monde a des habitudes quotidiennes, qu'il s'agisse de se lever toujours à la même heure, de ranger le lave-vaisselle selon un modèle précis ou de chanter à tue-tête sous la douche : Les gens ont également l'habitude de tenter d'atteindre leurs objectifs par la seule force de leur volonté. Cette force est certes puissante et souvent suffisante, mais elle n'est pas constante ou fiable, et encore moins inépuisable. Les personnes qui réussissent ne s'appuient pas uniquement sur leur forte volonté, mais développent plutôt les bonnes habitudes.

Il y a de bonnes et de mauvaises habitudes. Les bonnes vous aident à devenir la personne que vous voulez être. Les mauvaises luttent contre cette aspiration, vous empêchent d'atteindre votre plein potentiel et tentent de vous gêner dans votre développement personnel. Essayez de faire le tri dans vos habitudes. Ne vous focalisez pas trop sur un seul point ou objectif et réfléchissez aux bonnes habitudes qui peuvent vous servir de soutien.

La septième et dernière étape consiste à se concentrer uniquement sur ce que vous pouvez contrôler. Vous développez votre force mentale en vous concentrant uniquement sur les choses qui sont en votre pouvoir. Si vous vous concentrez sur quelque chose que vous ne pouvez ni influencer ni changer, vous affaiblissez votre force mentale. Les gens apprennent grâce au feedback. En vous concentrant sur les choses que vous pouvez contrôler, vous surmontez vos faiblesses personnelles, vous changez et atteignez vos objectifs, et c'est précisément ce qui permet au cerveau de se rendre compte qu'il a un certain contrôle. Vous avez le pouvoir de déterminer l'effet que vous produisez sur les autres et la manière dont vous les abordez, mais vous n'avez pas le pouvoir de déterminer s'ils vous apprécient ou non. Vous êtes le seul à pouvoir déterminer et contrôler la manière dont vous élevez vos enfants, mais vous ne pouvez pas contrôler ce qu'ils font de leur vie.

En conclusion, concentrez-vous sur les choses sur lesquelles vous pouvez agir et ne gaspillez pas votre énergie sur d'autres projets ou idées incontrôlables. Votre temps est trop précieux pour vous accrocher à quelque chose qui n'a aucune perspective.

Voici une suggestion supplémentaire à laquelle certaines personnes seront très sensibles, mais qui en rebutera d'autres : Écrire un journal intime. Oui, c'est vieux jeu, mais c'est efficace. Même si cette méthode peut paraître banale ou usée au premier abord, certaines personnes heureuses et qui ont réussi ne jurent que par cette astuce. En écrivant régulièrement dans votre journal , vous partagez vos sentiments, vos soucis et vos peurs et pouvez ainsi essayer de les chasser définitivement de votre esprit. Dans vos mots écrits, vous pouvez évacuer les frustrations quotidiennes, ce qui vous permet d'atteindre le calme et la détente. Les journaux intimes aident à suivre et à évaluer les développements personnels et augmentent les chances de succès, car les objectifs écrits sont plus susceptibles d'être atteints que ceux qui ne sont que des pensées. De plus, vous pouvez documenter les étapes de votre vie, ce qui vous permet de décrire les situations dans lesquelles vous avez fait preuve de force mentale et de les revivre. Vous pouvez ainsi augmenter votre confiance en vous et votre force mentale.

Erreurs typiques dans l'entraîne- ment mental

L'entraînement mental est un processus très routinier, la comparaison avec une chorégraphie a déjà été décrite. Un certain nombre de personnes, qui ne sont peut-être pas si petites, décident de devenir plus fortes mentalement et souhaitent les entraîner de manière optimale. Au début, ces personnes sont très motivées, mais leur motivation retombe malheureusement assez rapidement au cours des premières semaines. Beaucoup se demandent si l'entraînement mental est vraiment fait pour eux et peuvent même décider de ne pas le faire, car il ne semble pas fonctionner pour eux. Cela n'a rien à voir avec l'entraînement, mais avec leur approche, qui n'était pas la bonne dès le départ. Comme pour tout autre entraînement, il est important de mettre en place un plan et une structure avant de commencer. La première grande erreur est donc de ne pas avoir d'objectifs clairs.

Un plan d'entraînement est toujours basé sur votre position de départ et, bien entendu, sur l'objectif clair que vous souhaitez atteindre. Il en va de même pour votre plan d'entraînement mental. Avant de commencer, vous devez clarifier certains points, comme les domaines dans lesquels vous souhaitez devenir plus fort et, comme nous venons de le voir, les objectifs que vous poursuivez. Vous devez connaître vos points forts et vos points faibles, ainsi que les obstacles mentaux que vous devez surmonter.

La deuxième erreur est d'ignorer ses propres faiblesses. Tout le monde aimerait probablement oublier ses faiblesses personnelles et se consacrer uniquement à ses points forts, mais ce n'est pas conseillé. Les différentes séances d'entraînement sont généralement amusantes et offrent la possibilité de développer encore plus ses points forts. Mais à long terme, les faiblesses devraient également trouver leur place dans le programme d'entraînement, car elles doivent être surmontées. C'est un processus jusqu'à ce que vous y parveniez. Mais une fois ce processus achevé, le développement personnel s'accélère considérablement.

La troisième erreur s'applique probablement à un pourcentage plus élevé de personnes. Il s'agit de ne pas être patient. Dans le cas de l'entraînement physique, les succès ou les progrès sont plus prévisibles, alors que dans le cas de l'entraînement mental, il faut beaucoup plus de temps avant de ressentir des résultats tangibles. Notre cerveau a besoin d'un certain temps d'adaptation, la tête doit être entraînée et cela prend beaucoup de temps et d'énergie. Dans un premier temps, accordez-vous environ trois mois et évaluez ensuite si des progrès visibles ont été réalisés.

La quatrième erreur est d'évaluer les développements au jour le jour. Vous connaissez peut-être le dicton : "Essayez de faire chaque jour un pour cent de mieux qu'hier". Au fond, l'intention de ce conseil n'est pas si mauvaise, puisqu'elle est censée vous inciter à vous améliorer chaque jour. Cependant, l'idée du pourcentage n'est pas bien pensée, car il est rare de pouvoir mesurer les améliorations en pourcentage, et surtout pas en un seul. De plus, si vous suivez ce conseil, votre frustration risque d'augmenter considérablement et d'épuiser encore plus le peu de patience dont disposent certaines personnes, car il est difficile de constater des succès sur la base d'une comparaison quotidienne. En revanche, si vous faites une comparaison toutes les quatre ou six semaines, vous remarquerez des différences et des améliorations significatives.

La cinquième erreur souvent commise est de s'entraîner mentalement uniquement entre les quatre murs de sa maison. Bien sûr, votre maison est la zone de confort parfaite, vous n'êtes pas dérangé et vous pouvez vous concentrer pleinement sur vous-même sans être dérangé par des bruits agaçants ou distrayants. Mais sortir de sa zone de confort et s'exposer aux influences extérieures fait partie intégrante de l'entraînement mental, sans quoi vous ne parviendriez jamais à surmonter le moindre obstacle et à en sortir grandi. Dans votre salon, il n'y a guère de défi qui vous attende, du moins pas un défi qui vous sollicite vraiment. Les différentes influences de la vie sont bruyantes, brutales et pleines de distractions, mais elles sont essentielles pour continuer à construire et à entraîner votre force mentale.

Vouloir vaincre sa propre tête avec sa propre tête est une autre erreur. De nombreux problèmes peuvent être résolus mentalement, mais cela demande un effort extraordinaire. Dans les moments où l'on se perd presque dans ses propres pensées, il faut essayer de détendre l'esprit et de faire appel au corps. Notre esprit peut être un labyrinthe, mais notre corps peut nous aider à en sortir.

Si votre esprit est occupé par un flot de pensées, essayez de prendre une grande inspiration et de vous concentrer sur votre respiration. Prenez des respirations régulières et précises. Essayez ensuite d'expirer aussi longtemps que possible, et vous sentirez le chaos dans votre tête se calmer et le brouillard se dissiper. Les deux zones ont donc une grande influence l'une sur l'autre. Vous devez donc savoir les utiliser toutes les deux.

Si vous pensez que tout cela est très bien et que vous voulez le garder à l'esprit au cas où vous rencontreriez des difficultés, sachez que l'entraînement mental n'est pas réservé à certaines occasions. Si vous utilisez l'entraînement mental de temps en temps, vous obtiendrez le même résultat que si vous faisiez une séance d'entraînement tous les deux mois pour obtenir la silhouette de vos rêves, c'est-à-dire rien du tout. L'entraînement mental ne sert donc pas de corde pour vous sortir du trou dans lequel vous êtes déjà tombé, mais pour vous empêcher d'y tomber tout court. Commencez donc dès maintenant, de préférence aujourd'hui, et fixez-vous des objectifs clairs que vous voulez atteindre en toute connaissance de cause. Ne mettez pas vos faiblesses de côté et affrontez vos peurs afin de pouvoir grandir. Acceptez le présent tel qu'il se présente.

Les différences de l'entraînement mental en psychologie clinique et sportive

Vous avez déjà appris que la véritable origine de l'entraînement mental se trouve dans le domaine sportif et qu'il est toujours activement utilisé par les sportifs. Plus tard, d'autres méthodes psychologiques sont venues s'ajouter à cette méthode d'entraînement classique, comme la régulation de l'attention, la régulation du dialogue avec soi-même ainsi que l'entraînement aux pronostics et bien d'autres méthodes qui ont été qualifiées d'entraînement mental. En psychologie, la mesure de l'intensité de l'attention est la concentration. Il s'agit de déterminer, par l'attention et une certaine sélection d'objets, l'inattention associée à d'autres objets.

L'autorégulation est une autre forme d'entraînement mental. Elle offre au sportif la possibilité de se motiver intérieurement, d'optimiser l'observation de son corps et de contrôler ainsi certains mouvements. Il favorise également la confiance en soi. L'entraînement prévisionnel est utilisé dans le sport pour apprendre à gérer correctement le stress psychologique. Pour ce faire, des objectifs sont fixés à l'avance et, après l'exécution de la tâche, on compare si l'on s'est rapproché de son objectif et dans quelle mesure.

Si l'athlète est en retard par rapport à ses attentes, il faut en déterminer les raisons. Cette méthode doit permettre à l'athlète de s'auto-évaluer de manière réaliste et de mieux se préparer à d'éventuels échecs. En psychologie du sport, l'entraînement mental consiste à s'entraîner à imaginer de manière répétitive le déroulement d'une action liée au sport, sans bien sûr exécuter l'action elle-même. Dans cette forme d'entraînement mental, des exercices de relaxation ont été associés à des représentations visuelles et auditives afin d'adapter au mieux les exigences de la psychologie sportive.

L'effet obtenu par l'amélioration du mouvement dans l'imagination consciente doit entraîner une amélioration ultérieure dans les mouvements réellement exécutés. Plus l'athlète parvient à se projeter dans cette illusion, meilleurs seront les résultats. Ici, non seulement la tête mais aussi le corps doivent jouer un rôle équivalent, car les deux domaines doivent être en harmonie et régulièrement entraînés pour que les actions puissent réellement être alignées. On suppose qu'il existe un niveau psychique et physique approprié pour chaque action. C'est pourquoi cet entraînement veille également à réduire l'activation par la relaxation. Le training autogène et la relaxation progressive sont également des exercices de relaxation qui aident dans ce domaine.

La psychologie du sport évalue l'utilité de l'ambition à travers la recherche du succès. En fonction de la force de l'ambition, elle peut avoir une influence active sur notre comportement. Les personnes qui ont le goût de la performance sont plus persévérantes et ne se laissent pas facilement abattre par les échecs. D'un autre côté, l'ambition peut également être un obstacle dans la mesure où nos attentes envers nous-mêmes ne correspondent plus à la réalité. L'ambition seule n'est généralement pas suffisante pour obtenir un succès optimal. L'acceptation inconditionnelle des faiblesses ou des sentiments inhibiteurs est une condition nécessaire à l'obtention de certaines performances, plutôt que de les refouler par un entraînement mental. Chaque personne ne dispose que d'une quantité limitée d'attention et si ces ressources sont utilisées pour contrôler les émotions inhibitrices, il ne reste qu'une quantité limitée d'attention pour réaliser la performance elle-même. C'est pourquoi il est absolument recommandé d'accepter ces sentiments comme une donnée nécessaire dans une situation de compétition et de ne pas lutter contre ces sensations. Bien que l'athlète se place dans ce cas dans une situation exigeante, cette acceptation inconditionnelle le conduit à s'apaiser. Cela peut sembler paradoxal, mais c'est un fait. L'acceptation du sportif permet de surmonter ses peurs, d'allumer une nouvelle motivation et de développer le courage de relever d'autres défis.

Le modèle 4C est un modèle qui a été développé dans le contexte sportif, mais qui peut tout aussi bien être appliqué à d'autres situations. Il a été créé par Clough et Earle et fait partie de l'outil de mesure scientifique de la force mentale. Les quatre piliers du modèle se composent de la confiance en soi : la ferme conviction de ses propres capacités. Ensuite, le défi : ne pas avoir peur des défis et envisager la possibilité de grandir à travers tous les obstacles. Le contrôle : être convaincu de son propre contrôle et voir les événements comme une conséquence de ses propres actions. Le dernier pilier serait l'engagement : la réalisation de l'objectif est une priorité. Deux autres facteurs sont venus s'ajouter à ces attributs déjà connus : le contrôle des émotions et la confiance interpersonnelle. Le contrôle de ses propres émotions, également appelé régulation des émotions, est extrêmement important pour les gérer et déterminer notre comportement. La confiance interpersonnelle se définit par le fait de représenter une certaine attente auprès de certains individus et de pouvoir se fier à des promesses, qu'elles soient orales ou écrites. Dans la vie quotidienne, ces facteurs peuvent agir comme un soutien.

L'attitude personnelle est la clé du succès. Dans certaines situations, les athlètes sont presque des surhommes qui doivent supporter une grande pression de la part d'eux-mêmes et de leur entourage. De plus, ils doivent être suffisamment en forme pour réaliser des performances de haut niveau. Leur objectif est de monter sur les médailles d'or et les podiums, ils veulent se surpasser et apprécient le fait que les succès semblent les attirer comme par magie. Nos pensées sont responsables de la façon dont nous voyons le monde. Les sportifs utilisent certains schémas de pensée pour visualiser leur victoire et ainsi l'évoquer. Dans le monde des affaires, cette méthode n'est pas ou peu utilisée, même si l'on peut s'attendre à une certaine réussite. En psychologie clinique, certaines de ces méthodes sont toutefois utilisées et les patients ont donc la chance d'avoir accès à des ressources quasi inexploitées.

De nos jours, l'entraînement mental est également utilisé en psychologie clinique dans le domaine de la psychosomatique. En médecine, la psychosomatique désigne une approche globale et une théorie des maladies. Elle considère les réactions des personnes et les capacités psychiques en rapport avec la maladie et la santé dans leur relation avec les processus physiques. Dans le cas de maladies physiques pour lesquelles des facteurs psychologiques ont également une influence sur le processus de guérison, certaines cliniques utilisent des méthodes psychothérapeutiques pour guérir. Les personnes souffrant de maladies physiques, telles que l'hypertension ou les douleurs chroniques, ont souvent du mal à se rendre compte qu'elles ont besoin d'un traitement psychothérapeutique. Mais si les mêmes procédures sont proposées sous l'appellation "entraînement mental", cela peut augmenter la volonté des patients.

Les différences entre la psychologie du sport et la psychologie clinique sont donc assez importantes. Dans le premier cas, il s'agit uniquement de répondre aux attentes des personnes par le biais de différentes méthodes, tandis que dans le second, il s'agit de proposer des traitements qui améliorent la vie des personnes qui, sans l'aide d'un entraînement mental, pourraient être réticentes à le faire.

ENTRAÎNEMENT MENTAL OU MIRACLE ?

Vous en avez certainement entendu parler, ou du moins lu, car on parle encore de cet événement aujourd'hui. Le commandant de bord Chesley Sullenberger, 57 ans, a fait atterrir en toute sécurité son Airbus sur le fleuve Hudson à New York, avec deux moteurs en panne et près de deux cents personnes à bord. Il a réalisé l'impossible et a ainsi sauvé exactement 155 vies. Le monde entier a parlé d'un miracle indéniable, mais d'un point de vue psychologique, c'est tout autre chose qui s'est produit : Le capitaine a effectué cette manœuvre, montrant ainsi comment, en dépit de circonstances à peine imaginables, il a réussi à accomplir la performance à laquelle il s'était entraîné toutes ces années. Le simple fait d'imaginer une action ou un mouvement active les mêmes zones cérébrales que le mouvement lui-même. Miracle ou véritable entraînement, preuve d'une réelle force mentale ?

63

Une vie plus heureuse grâce à l'apprentissage de la force mentale

Vous avez appris tous les aspects de l'entraîne-ment mental et vous savez pourquoi la force men-tale est nécessaire et comment l'entraîner. La force mentale est un élément essentiel de l'entraînement physique, qui comprend un grand nombre de répétitions, mais aussi des aspects psychologiques très importants, ainsi que des influences médicales et humaines, et ce qu'elle représente exactement.

Vous vous demandez peut-être encore pourquoi il existe tant de groupes de personnes différents. Il y a ceux qui, malgré leurs efforts constants, n'arrivent à rien et sont attirés par l'échec comme par magie. Et puis il y a ceux qui se donnent à fond et qui atteignent leurs objectifs en y consacrant beaucoup de temps et d'efforts. Malgré leur succès, ces personnes sont trop épuisées pour se réjouir d'avoir réussi. Bien sûr, il y a aussi les personnes qui atteignent tous leurs objectifs de vie avec facilité et plaisir, sans avoir fait d'efforts.

La raison n'est pas liée aux circonstances dont ces personnes sont issues, ni à leur niveau d'éducation ou à la langue qu'elles parlent. Ce qui compte, c'est le niveau mental et émotionnel et leur attitude personnelle à cet égard. Les personnes qui comprennent et assimilent les recettes mentales de la réussite peuvent y faire appel à tout moment et les utiliser dans les moments décisifs.

Une loi émotionnelle très importante est que toute la force personnelle vient du plus profond de soi. Si nous nous mettons des bâtons dans les roues à cause d'émotions négatives ou de pensées tristes, nous n'arriverons jamais là où nous voulons aller et nous n'obtiendrons jamais la qualité de vie que nous souhaitons. Notre monde émotionnel doit être en équilibre absolu et c'est pourquoi nous devons cesser de dépendre autant des influences extérieures.

Lorsque vous ouvrez les yeux, vous êtes entouré d'un flux constant de personnes en quête de satisfaction et qui cherchent désespérément les lignes directrices d'une réussite garantie dans la vie, mais elles cherchent généralement au mauvais endroit, car tout ce dont elles ont besoin pour cela est déjà en elles. Presque tout ce dont vous avez besoin pour atteindre vos objectifs est en vous. Il est de votre responsabilité de déterminer quels schémas de pensée vous autorisez et si vous pouvez trouver la concentration nécessaire pour remplacer vos croyances négatives par des croyances positives.

Chaque personne doit essayer de trouver ses propres valeurs et de les vivre. Vous devez d'abord identifier vos peurs et vos préférences avant de commencer à construire activement votre vie. Acquérir une force mentale peut changer votre vie, peut-être même au point de quitter votre emploi, de partir à l'étranger ou de vous engager dans une nouvelle relation. Mais avant d'en arriver là, vous devez vous assumer et vous concentrer sur ce que vous voulez vraiment. Ce n'est qu'alors que vous pourrez ressentir et utiliser pleinement votre force mentale.

www.ingramcontent.com/pod-product-compliance
Lightning Source LLC
Chambersburg PA
CBHW021959170726
47994CB00021B/1253